LOVÏS

EGLOGVE ROYALE.

A PARIS,
De l'Imprimerie d'EDME MARTIN, ruë S. Iacques
au Soleil d'or.

M. DC. LXIII.

AVEC PRIVILEGE DV ROY.

ἦ ῥά νυ παῖδες
Αθανάτων τοιοῖδε μετὰ θνητοῖσιν ἔασι.

LOVÏS

EGLOGVE ROYALE:

CLEON DAPHNIS.

CLEON.

DAPHNIS, *il est donc vray que tes riches campagnes,*
Tes humides vallons, tes vineuses montagnes,
Tes prez, tes eaux, tes bois, n'ont pû te retenir
Et n'ont pû t'empescher enfin de revenir.
Tu reviens dans Paris, d'où les soins de l'Estude,
Et l'amour d'une douce & docte solitude,
Malgré tous mes souhaits, malgré tous mes avis,
T'avoient depuis deux ans soustrait à tes amis.

DAPHNIS.

Ouy, CLEON, *vn objet de splendeur immortelle*
Par vn secret Aymant à Paris me rappelle,
Et me retire enfin de ces aimables lieux
Dont le sejour parut si charmant à mes yeux;
Quand maistre de mon temps, & maistre de moy mesme,
J'ay recherché par tout la Verité suprême,
Et me suis veû gueri des fatales fureurs,
Qu'on éprouve en suivant les communes erreurs.

CLEON.

C'est donc quelque beauté de mille attraits pourveuë,
Qui par vn coup du Sort s'est offerte à ta veuë,
Et qui d'vn trait fatal t'ayant le cœur touché
Te ramene en triomphe à son char attaché?

DAPHNIS.

La Beauté de tout temps a pû tout sur mon ame,
La Beauté de tout temps a mis mon cœur en flame;
Je ne le puis nier, j'ay brûlé pour Doris,
J'ay brûlé pour Orante, & pour la jeune Iris;
Iris, de qui la voix à nulle autre pareille,
Me ravit ma franchise en me charmant l'oreille.
Amour m'a veû souvent son fidele sujet;
Mais l'objet qui m'attire est vn plus grand objet.

CLEON.

N'est-ce point qu'vn desir de fortune, ou de gloire,
Sur tes autres desirs remportant la victoire,
Te fait haïr le calme, & laisser ton repos
Pour rejetter ta barque à la merci des flots?

DAPHNIS.

Ah! ce seroit trop cher acheter la fumée,
Qu'espand sur les mortels l'aveugle Renommée,
Et quitter son repos pour vn sujet si vain,
C'est quitter l'asseuré pour suivre l'incertain.

Entre tous mes souhaits nul ne me sollicite,
De posseder du nom plus que je n'en merite:
Disciple de Socrate, en son eschole appris,
Je ne veux point d'estime au delà de mon prix,
Et tiens fort malheureux celuy qui veut parestre,
Ce qu'en sa conscience il sçait bien ne pas estre.
Ne croy pas d'autre part que l'espoir des grands biens
Forge à ma liberté d'invisibles liens:
Ces avides pensers me semblent sans excuses,
En celuy qui s'attache aux mysteres des Muses,
Et l'avare Sçavant montre bien qu'Apollon,
Ne l'a jamais conduit dans le sacré vallon.
On doit aimer le Bien pour en avoir l'vsage,
Pour pouvoir noblement soustenir son courage,
Pour ne dépendre point des caprices d'autruy;
Mais il faut en l'aimant l'employer sans ennuy,
Il faut à ses moyens égaler sa despense,
Et que la verité responde à l'apparence.
Quoy-qu'il en soit, CLEON, *tu vois mal mon dessein.*

CLEON.

Dy donc quel est celuy qui t'eschauffe le sein?

DAPHNIS.

C'est vn juste desir de voir vne merveille;
De voir vne Vertu desormais sans pareille,
Vne Vertu celeste, & qui tesmoigne à tous,
Que les Dieux immortels songent encore à nous.

Figure toy, CLEON, l'esclat de la Naissance,
La Majesté du corps, la sublime Prudence,
Le vif amour du Bien, l'aversion du Mal,
La Bonté secourable en vn cœur tout Royal,
La clarté de l'Esprit, la grandeur du Courage;
De ces rares talens fay l'heureux assemblage,
Juge du composé, qui s'en peut esperer,
Tel est l'objet divin que je viens admirer.
De mon charmant desert j'ay rompu les obstacles,
Pour venir de plus prés contempler ces miracles,
C'est là le seul motif qui m'amene en ces lieux.

CLEON.

Que ne nommes tu donc ce mortel glorieux?

DAPHNIS.

Te le faut-il nommer? A ces illustres marques
Ne devines tu pas le plus grand des Monarques?
Mesconnois tu ton maistre? Et tes yeux esblouïs
Ont-ils rien veû d'égal si ce n'est en LOVIS?

CLEON.

Il est vray que LOVIS *en valeur admirable,*
Ne voit point de mortel qui luy soit comparable;
Ce qu'est le fort Lion entre les animaux,
Le Lys entre les fleurs, l'Or entre les metaux,
Le Soleil dans les Cieux; tel est entre les Princes,
Ce Roy qui fait la gloire & l'heur de nos Provinces.

DAPHNIS.

C'est luy de qui le bras estonnant l'Univers,
S'est fait l'espoir des Bons, la terreur des Pervers.
Quand Mars couvroit nos champs d'espaisses funerailles,
Il parut comme un foudre au milieu des Batailles;
Aujourd'huy que la Paix esteint l'ire de Mars,
De la docte Minerve il cherit les beaux arts,
Et laisse à disputer au reste de la Terre,
S'il est plus doux en Paix que terrible à la Guerre.

CLEON.

Luy seul tient le timon de l'Empire des Lys,
Il est nostre Jason, il est nostre Tiphys,
Et dans un calme heureux maintient nostre fortune,
Malgré les vents mutins & l'orageux Neptune.

DAPHNIS.

En un âge où nos sens regnent sur nos desirs,
L'invincible LOVIS *triomphe de soy-mesme,*
Il donne tout son temps aux soins du Diadême,
Et n'en reserve point pour donner aux plaisirs.

CLEON.

Ainsi pour soustenir sa naissance divine,
Alcide mesprisa les molles Voluptez,
Et de Monstres purgeant les champs & les citez,
Par d'illustres Travaux prouva son origine.

DAPHNIS.

Tremblez Ambitieux, Voisins trop remuans,
Et Vous qu'vn repentir tarde tant à resoudre;
Si la Terre en nos jours enfante des Geans,
LOVIS *porte dans ses mains dequoy les mettre en poudre.*

CLEON.

Mais vous, vivez en paix, à l'ombre de sa foy,
Genereux Alliez, vivez en asseurance,
Ceux que vous redoutez redoutent ce grand Roy,
Et vostre Liberté ne craint point sa puissance.

DAPHNIS.

Il part comme vn Torrent, & son rapide cours
Surprend, estonne, abbat la Revolte incertaine:
Il n'appartient de vaincre avec si peu de peine,
Ou qu'au Dieu de la Guerre, ou qu'au Dieu des Amours.

CLEON.

La Moselle & le Rhein d'vn Conquerant si brave
Desormais sans obstacle arrosent les Lauriers,
Et le bruit qui s'espand de ses actes guerriers,
A fait desja fremir le Danube & le Drave.

DAPHNIS.

Dieux! de quel desespoir nous vismes nous surpris;
Quelle fut la frayeur qui glaça nos esprits,

Quand

Quand d'un mal impreveû la disgrace mortelle,
Menaça ses beaux jours d'une Nuit eternelle.
Ah! s'il faut que cet Astre entre dans le Tombeau,
Que le Soleil luy-mesme esteigne son flambeau,
Ou, que l'affreux Chaos apres cette aventure,
Dans son trouble premier rejette la Nature.

CLEON.

Mais le Ciel promptement a fait voir sa bonté,
Le mal & le remede ensemble ont éclaté,
Et jamais accident n'a produit dans la France,
Apres tant de douleur tant de resjouïssance.

DAPHNIS.

Aussi qui ne le sçait? C'est à ses hauts exploits,
Qu'on doit l'esclat nouveau dont brillent les François;
La Grece aux temps passez fertile en grands exemples,
A de moindres Bienfaits eust eslevé des Temples.

CLEON.

Peux-tu donc reverer ce Prince glorieux?
Peux-tu sçavoir parler le langage des Dieux,
DAPHNIS, *& t'exempter d'exprimer sur ta Lyre,*
Ces grandes qualitez que tout le Monde admire?

DAPHNIS.

Ah! je l'ay desja fait, & le feray tousjours;

Ce Prince est des neuf Sœurs les plus cheres amours.
Plustost dans l'Ocean on verra plonger l'Ourse,
Et la Seine à grands flots remonter vers sa source;
Plustost les froids Lappons, ou les nuds Indiens,
Se viendront abbreuver aux bords Numidiens;
Plustost l'Elbe & le Pô se mesleront au Gange,
Que mon ingrate voix supprime sa loüange,
Où que mon Luth vainqueur des outrages du Temps,
A ce juste devoir prefere d'autres chants.

CLEON.

Je sçay bien qu'autrefois, quand son ardent Courage
Alloit battre les Murs du Belgique rivage,
Tu predis sa victoire, & certain de tes vers,
Annonças son Triomphe au bout de l'Vnivers;
Et mesme en son Palais, ce merveilleux Genie
D'vne oreille attentive oüit ton harmonie.
Je sçay bien que depuis, sous le nom de Cyrus,
Ta Muse encor vn coup parla de ses vertus,
Quand pour rendre vn tribut qu'on doit à sa Couronne,
Tu volas de Paris aux bords de la Garonne,
Où par vn doux espoir & la Paix & l'Amour
Attiroient à l'envi nostre pompeuse Cour.
Et c'est là que charmé de ta douce franchise,
De ta facile humeur, de ta doctrine exquise,
Je taschay d'acquerir quelque place en ton cœur,
Et que d'vn bien si doux tu me fis possesseur.

DAPHNIS.

Ton amitié, CLEON, m'est d'vn tel avantage,
Que je la dois nommer le fruit de ce voyage,

CLEON.

Ah! souvien-toy, DAPHNIS, avec quelle bonté
IVLE, le fameux IVLE, en ces lieux t'a traitté.
Ce sage Cardinal, dont l'ame souveraine
Adjousta tant d'éclat à la Pourpre Romaine,
Et qui pour juste prix de ses faits glorieux,
Est assis maintenant à la Table des Dieux.
Quoy qu'alors accablé des soins du Ministere,
Il ne te receût point avec vn front severe;
Mais descendit à toy d'vn visage si doux,
Que le moins envieux en eust esté jaloux.
Il receût ton Present avec mille caresses,
Sa Bouche en ce moment te dit mille tendresses,
Et poussant jusqu'au bout ces honneurs inoüis,
Luy-mesme il te voulut presenter à LOVIS.
LOVIS, qui t'asseura que ce grand Personnage
L'avoit entretenu de toy, de ton Ouvrage.
Heureux, que de ton Nom IVLE ait pris quelque soin!
Plus heureux que ton Prince en ait esté tesmoin!

DAPHNIS.

Il le faut avoüer, vn tel exces de gloire,
Tousjours avec plaisir revient en ma Memoire;

Mais il n'y revient point qu'vne juste Douleur
Ne ramene avec luy l'objet de mon malheur.
IVLE par ces bontez m'avoit l'ame ravie,
Il entraisnoit ma joye attachée à sa vie,
Et ne le voyant plus, je ne puis y songer,
Que ce ressouvenir n'ait droit de m'affliger.
Mesme, je te diray, que ma douleur secrette,
M'avoit fait en partie agréer la retraitte;
Plus je considerois ce que j'avois perdu,
Plus l'espoir desormais me sembloit deffendu.
Mais le Ciel rend enfin ma Défiance vaine,
Il me rend vn AVGVSTE en m'ostant vn MECENE,
LOVIS est des Sçavans l'inesbranlable appuy,
Et je dois maintenant tout esperer de luy.
Qu'ay-je dit, esperer? ah! sa Magnificence
Passe desja mes vœux, passe mon Esperance,
Me jette dans le trouble, & me cause vn transport,
Qui demande à ma voix quelque nouvel effort.
Mais en vain je m'efforce; Et bien que ce Monarque,
De ses riches faveurs me donne vne ample marque,
Mon Zele n'en sçauroit devenir plus constant,
Ni mon Chant pour sa gloire estre plus esclatant.
Ce Bienfait ne peut rien adjouster à la flame,
Dont j'ay brûlé pour luy dans le fond de mon ame,
Des le premier moment que le Sort bienheureux,
Me permit d'approcher ce Prince genereux.
Je le veux donc chanter, non, parce qu'il me donne,
Mais, parce qu'avec gloire il soustient sa Couronne,

Parce que de Justice il est environné,
Parce que de Sagesse il a le front orné,
Et qu'à son haut Pouvoir joignant la Temperance,
Il regne par Merite autant que par Naissance.
Imite moy, CLEON, *join ta voix à ma voix,*
Pour celebrer le nom du plus parfait des Rois;
Pour benir le bonheur que le Ciel nous envoye.
Mais ô Dieux! ô CLEON! *quelle seroit ma joye,*
Si nous pouvions mesler dans nos charmans accords,
Celuy qui pour LOVIS *fait de si grands efforts;*
Sa haute Probité peut passer pour merveille,
Sa Moderation n'eut jamais de pareille,
Aux desirs de son Roy ses vœux sont compassez,
C'est le choix du grand IVLE, *& c'est en dire assez.*
Commence donc, CLEON, *& sur vn Ton sublime,*
Chante du grand LOVIS *la Bonté magnanime.*

CLEON.

Tes discours pleins d'ardeur ont eschauffé mes sens,
Je ne puis resister au feu que je ressens,
Je veux rendre avec toy mon zele remarquable,
Je veux dire avec toy ce Monarque adorable;
Que l'Vnivers l'entende, & que tous les Mortels,
Aux Vertus de LOVIS *consacrent des Autels.*

CHARPENTIER
de l'Academie Françoise.

——*Iam regnat Apollo.*

Virgil. Ecl. IV.

DE IMAGINE SOLIS
IN SYMBOLO REGIS LODOICI XIV.

PHOEBVS inexhausta dum lustrat lampade Mundum,
Seque videt, similem non putat esse sibi.
Pace tua liceat fari, Pulcherrime Divûm,
Errasti, Gallis SOL novus exoritur.
Tu Cælo affixus dum volveris, omnia cernis;
Hic Terris degens, omnia & ipse videt.
Sit tibi stellantem Genitor qui torquet Olympum;
Huic Divus Pater est, huic quoque Diva Parens.
Tu Radiis Terræ gremium vitalibus imples;
Hic placido fulgens lumine cuncta fovet.
At te lædit Hyems, te lædit Aquarius imbre,
Te mæstam cogunt Nubila ferre facem.
Ille Hyemes, hostemve Vrnam, nec Nubila novit,
Ille facit lætos semper adesse dies.

IN DVNKERKAM.

DVNKERKAM ingreditur ſine cæde & ſanguine Gallus,
Neç ſunt indignis mœnia capta dolis.
Arte nova LODOIX vicinis eripit Arces,
Quodque fuit Belli fit modò Pacis opus.

DE SVMMA CELERITATE REGIS IN PACANDA LOTHARINGIA

menſ. Aug. 1663.

IT, vincit LODOIX, celeres prætervolat auras;
Non aliter Superi vincere & ire ſolent.

www.ingramcontent.com/pod-product-compliance
Lightning Source LLC
LaVergne TN
LVHW010316230826
846091LV00009B/3680

* 9 7 8 2 0 1 9 6 5 5 9 2 1 *